# Das Leben im Großen Jenseits

- Das Gesetz von Leben und Tod -

Lars Wrobbel & A. Victor Segno
mit einem Nachwort von Roland Suljic

3. Auflage | Januar 2017

Herstellung und Druck:
Siehe Eindruck auf der letzten Seite

Covergestaltung: Victoria Davies
Lektorat: Roland Suljic

"Das Leben im Großen Jenseits" von A. Victor Segno. Übersetzt
aus dem englischen Original „Life in the Great Beyond" des Jahres
1911.

ISBN: 1503143333
ISBN-13: 978-1503143333

# WIDMUNG

Gewidmet all jenen, die immer auf der Suche sind, sich
selbst zu verbessern und dieses zum Wohle aller tun.
Ebenso jenen, die daran glauben, dass der körperliche Tod
nicht das Ende, sondern ein neuer Anfang ist.

# INHALT

"Ist Verheißung dir bekannt?
Lass sie hallen durch das Land.
Lass sie durch die Jahre tönen,
lass sie trocknen and'rer Tränen,
bis der Himmel stillt das Sehnen.
Lass sie hallen durch das Land."

# ÜBER A. VICTOR SEGNO

Über Victor Segno ist nur sehr wenig bekannt. Er wurde 1870 geboren, war mit einer Frau namens Annie Dell Segno verheiratet, lebte in Los Angeles und schrieb dort neben „Das Leben im Großen Jenseits" (1911) noch einige andere Bücher. Unter anderem „Personal Magnetism", „How to Live 100 Years", "How to be happy tho' married", „How to have beautiful hair" und zweifellos sein Meisterwerk „Law of Mentalism". Dieses wurde ebenfalls von Lars Wrobbel unter dem Titel "Das Gesetz des Mentalismus" neu veröffentlicht und ist neben „Das Leben im Großen Jenseits" derzeit das einzige noch in deutscher Sprache erhältliche Buch Segnos.

Segno wurde um 1900 als Mentalist bekannt und gründete den „Segno Success Club", eine entgeltliche (monatlich 1 Dollar) Gemeinschaft von Gleichgesinnten. Gegen 1903 hatte der Club ca. 12.000 Mitglieder. Im Jahre 1904 eröffnete er den „Inspiration Point" in der Belmont Avenue im Echo Park in Los Angeles. Ein Gebäude mit Bibliotheken und markanten Kuppeln, welches automatisch die Aufmerksamkeit der Masse auf sich zog und als Hauptquartier für das amerikanische Institut für Mentalismus fungierte. Dort gab er Menschen die Möglichkeit, die Lehren des Mentalismus zu studieren. Im Jahre 1911 verließ er Los Angeles zusammen mit seiner ebenfalls verheirateten Sekretärin Irene Weitzel, was seine Schüler sehr überraschte und wohl zugleich auch bestürzte. In den Jahren darauf kam er nach Berlin und bot auch dort die Leistungen seines „Segno Success Clubs" an.

Um 1915 kehrte er nach Los Angeles zurück und verfolgte andere Pläne. Seine Popularität war aber durch sein plötzliches Verschwinden im Jahre 1911 nicht mehr so hoch wie vorher und seine Schule am Echo Park Lake war inzwischen an andere verkauft worden. Was in den weiteren Jahren passierte, ist nicht mehr bekannt. Gegen 1930 verschwand er spurlos und wurde nie wieder gesehen.

1974 wurde seine Schule am Echo Park Lake abgerissen und es entstand dort der Lago-Vista Apartment-Komplex. Lediglich ein kleiner Kuppelbau von seinem Anwesen erinnert noch an die Vergangenheit.

# VORWORT

Das Leben nach dem Tod ist eines der größten oder wahrscheinlich sogar das größte Rätsel in der Menschheitsgeschichte. Selbst modernste Wissenschaften konnten noch nicht erklären, was uns nach dem Tod erwartet und so sind die Meinungen darüber nach wie vor zwiegespalten. Einige glauben an eine unsterbliche Seele, einige daran, dass nach dem Tod alles endet. Es gibt Berichte über Nahtoderfahrungen, Lichter und Begegnungen in Träumen. Victor Segno konfrontiert uns nun mit einer ganz anderen Idee. Er glaubt nicht nur daran, dass es nach unserem Tod weitergeht, er verbindet auch noch die Qualität des Lebens nach dem Tod mit unserer Lebensweise hier auf der Erde. Weiterhin weist die Beschreibung der einzelnen Sektoren in den späteren Kapiteln eine starke Verbindung zur Astrologie auf. Astrologie-Experte Roland Suljic geht auf diesen Aspekt in seinem späteren Nachwort nochmal näher ein und erläutert den Zusammenhang genauer.

Lass dich auf Segnos Geschichte ein und schaue, in welchem Sektor du dich einordnen kannst und ob Segnos Charakterbeschreibung auf dein Wesen passen oder eher nicht. Lass dich mitnehmen auf eine Reise durchs Universum und philosophiere allein oder mit Menschen in deiner Umgebung über Segnos Theorie

Man mag von seiner Geschichte halten, was man möchte. Allerdings ist das Fazit, das Victor daraus zieht, mehr als inspirierend und sollte jedem - unabhängig davon, ob es ein Leben nach dem Tode gibt oder nicht - ein Ziel sein. Earl Nightingale sagte einmal, ein Mensch ohne Ziele sei wie ein Schiff ohne Steuer. Denn die Ziele sind es, die letztendlich unserem Leben eine Richtung geben und wenn Victor Segno recht hat, vielleicht auch unserem Tod.

In diesem Sinne wünsche ich dir viel Spaß beim Lesen. Ein kleiner Tipp: Versuch objektiv zu bleiben und nicht allzu viel Gewicht in seine Geschichte zu legen, sondern mehr in die Botschaft, die er zu vermitteln versucht. Und nun überlasse ich Victor Segno das Wort.

Lars Wrobbel
Gütersloh, Februar 2015

# Das Leben im Großen Jenseits

### - Erzählt von jemandem, der dort ist -

## I. DIE ÜBEREINKUNFT

Bei der Wiedergabe der folgenden Aufzeichnung vom Leben jenseits des Grabes, werde ich mich bemühen, diese so exakt wie nur möglich wiederzugeben, so wie sie sich mir offenbarte; von jemandem, der das Tal der Tränen schon vor etlichen Jahren durchquert hat.

Die Person, auf welche sich die Erzählung bezieht, war viele Jahre vor ihrer Befreiung von unserer Welt ein enger Freund von mir und wir standen aufgrund unserer Freundschaft in perfekter geistiger und spiritueller Verbindung zueinander. Die Verbindung unserer Seelen war sogar so gut aufeinander abgestimmt, dass der Eine manchmal nur an etwas Bestimmtes denken musste und der Andere erkannte dies und konnte sofort darauf reagieren. Vielen von euch wird dieses Phänomen bekannt sein.

Wir waren beide froh, dass die Wahrheit über das Leben im Jenseits niemals erzählt wurde und es sich auch nur einige wenige überhaupt vorstellen konnten. Die Mehrzahl der Menschheit lebt in absoluter Unkenntnis dessen, was sie jenseits der Grenze erwartet. Es ist wahr: Das, was wir Instinkt nennen, treibt uns konstant an, eine Zukunft selbst nach dem Tod zu erwarten, aber welcher Art und wo, blieb bisher eine unbeantwortete Frage.

Mein Freund und ich haben intensiv über dieses Thema gegrübelt und erhofften uns durch die Grübelei kleine Erfolgserlebnisse, um unseren Glauben zu bestätigen, dass ein konkreter Ort existiere, an den wir gehen, wenn wir unsere irdische Hülle verlassen. Es ist verständlich, dass zwei Seelen, welche stark in Harmonie zueinander stehen und eine entsprechende geistige und seelische Bindung haben, nach dem Tod genauso miteinander kommunizieren können wie auf der irdischen Ebene. Wir trafen ein einvernehmliches Abkommen, dass derjenige, der als erstes seinen irdischen Körper verlässt, die erste Möglichkeit nutzen soll, mit dem Anderen Kontakt aufzunehmen und ihm zu zeigen, was er über das Leben nach dem Tod gelernt hat, sofern es wirklich existiert.

Mein Freund verabschiedete sich zuerst aus dem irdischen Leben, friedlich und ohne Kummer. Er versicherte mir, dass er sein Versprechen halten würde. Sein Tod brachte mir nicht einen Moment der Trauer, so überzeugt war ich, dass die Trennung nicht permanent sein würde. Es war lediglich eine spirituelle Transformation.

Von Zeit zu Zeit gab es Anzeichen seiner kontinuierlichen Harmonie und Verbundenheit zu mir in Form von Gedanken, Gefühlen und Träumen. Es dauerte 10 Jahre, bevor der Austausch so ausreichend stark geworden war, dass Details niedergeschrieben werden konnten. In vielen „Seelen-Gesprächen" zwischen uns im letzten Jahr übermittelte er mir die Informationen, die ich jetzt schreibe. Ich fertigte sorgfältig Notizen über jeden Austausch an und als ich sie verglich, fand ich keinen Widerspruch zu irgendeiner vergangenen Aussage. Ganz im Gegenteil, jede davon stärkte und bewies die Wahrheit der anderen. Ich habe die Information exakt so aufgenommen, wie sie mir gegeben wurde und ich veröffentliche sie nun, weil ich glaube, dass sie die größte Frage der Menschheit beantwortet. Außerdem glaube ich, dass dadurch unsere Pflicht gegenüber uns selbst und gegenüber anderen klarer wird. Denn die Informationen dienen dazu, jeden Mann und jede Frau, welche diese Zeilen liest, zu einem besseren, edleren und mutigeren Wesen zu machen. Diese Aufzeichnungen werden den Weg zum größten Glück, zur Gewissheit einer Zukunft nach dem Tod und einem größerem Leben weisen, welches kommen wird. Sie lehren uns, dass wir selbst die Schöpfer unseres eigenen Schicksals sind; gestern, heute und auch in der Zukunft. Dass wir sein können, was wir uns wirklich wünschen zu sein.

Die Übereinkunft

„Als ich ein junger Mann war, besaß ich Freiheit, aber
ich sah sie nicht.
Ich hatte Zeit, aber ich wusste es nicht.
Und ich hatte Liebe, aber ich fühlte sie nicht."
- Anonym -

## II. JENSEITS ALLER GRENZEN

„Der Mensch, ich sag's Euch, ist kein Staub,
ein leuchtend Etwas rinnt durch seinen Leib,
und Glut erhellt, ihm unbewusst, den Ton.
Das Weltenfeuer, das die Sonnen nährt,
wie Riesenwellen, die den Raum durcheilen,
noch Flammen bergen, denen sie entstammt,
so trägt der Mensch an unerforschtem Ort
in seinem Ich das Licht, aus dem er ward."

Als wir noch zusammen auf der Erde waren, versprach ich dir, dass, wenn es ein Leben für mich im Großen Jenseits geben sollte, ich dir davon, wenn nur irgendwie möglich, berichten werde, damit du andere mit diesem Wissen aufklären und erleuchten kannst. Als ich dir das Versprechen gab, hatte ich noch keine Idee, wie ich es halten könnte, wenn es so weit ist und auch nicht, dass so viel Zeit vergehen würde, bevor ich dir in aller Klarheit die versprochenen Informationen übermitteln kann. Auch wenn die Wartezeit für dich sehr lang war, haben mich der Wunsch und die Entschlossenheit niemals verlassen, obwohl ich schnell erkannte, dass vor mir eine sehr schwere Aufgabe lag. Die Dinge hier stehen in starkem Kontrast zu dem Bild, welches ihr Erdbewohner von diesem Ort habt. Es ist ebenso abweichend von dem, was ich hier zu finden erwartet hatte.

Ich habe so viel zu erzählen, und damit ich nichts Wichtiges vergesse, ist es in meinen Augen am besten, wenn ich zurückgehe und von dem Moment an erzähle, als ich meinen Körper verließ. Der Zeitpunkt, als ich meinen Körper verließ, war, glaube ich, um Mitternacht. Ich stieg genau in diesem Moment auf durch das Gebäude in die Luft und mit den Augen meiner Seele entdeckte ich die erste Überraschung. Ich fand mich in einer Menge von Menschen wieder, die in alle Richtungen unterwegs waren. Ich war nicht mehr als einhundert Meter über der Erde und die Stadt war deutlich sichtbar für mich. Aber woher kamen diese Menschen? Waren sie alle ebenfalls gestorben? Gewiss konnte das nicht möglich sein, denn unter ihnen erkannte ich viele Freunde und Bekannte, von denen ich wusste, dass sie noch lebten. Also näherte ich mich jemandem, den ich gut kannte und fragte ihn: „Bist du auch tot?" Er antwortete: „Warum? Nein! Ich nehme mir ein paar Stunden der Freiheit, während mein Körper im Schlaf liegt." Dann ging mir ein Licht auf und ich verstand. Ich erinnerte mich daran, dass ich selbst immer diese Stunden der Freiheit genutzt habe, während mein Körper schlief, um Wissen und Stärke zu erlangen. Das Wissen, welches ich so erlangte, nutzte ich (soweit es die Beschränkungen meines Körpers zuließen), um mein irdisches Dasein zu verbessern.[1] Diejenigen, die eine tiefgreifende Erfahrung im Schlaf gemacht haben, sind am nächsten Tag gezeichnet und ihr physisches und mentales Bewusstsein kommt ihnen wie ein Traum vor und sie bekommen oft eine ganz andere Sichtweise ihres Lebens. So entdeckte ich, dass die Träume der Menschen, Aufzeichnungen von Eindrücken sind, welche nach dem Ausflug der Seele wieder mitgebracht werden. Ich lernte auch schnell, dass die gefangene Seele zwar zu jedem Ort der Erde reisen, sie aber nicht verlassen kann. Den Grund dafür werde ich später erklären.

Man könnte fast meinen, Schlaf und Tod seien beinahe identisch und dass wir jede Nacht tatsächlich sterben. Doch ich habe gelernt, dass dem nicht so ist. Nach dem Ende des

---

[1] Nach einer Studie der Universität Lübeck gibt es Hinweise dafür, dass Schlaf sowohl die implizite als auch die explizite Gedächtnisleistung verbessert. In dieser Studie wurde anhand einer serial reaction time task und einer Vorhersageaufgabe untersucht, ob Schlaf das explizite Wissen nach impliziten Lernen verbessern würde.

Schlafes kehrt die Seele zum Körper zurück, denn dieser ist ihre Heimat und sie kann sich nicht physisch ausdrücken, ohne den Körper zu benutzen. Dieser Körper kann auch nur ein ganz bestimmter Körper sein, welcher den Ansprüchen und Bedürfnissen der Seele gerecht wird. Die Seele würde sich in keinem anderen Körper wohlfühlen, da sie sich nicht durch ihn komplett entfalten bzw. ausdrücken könnte. Ich lernte, dass es Fälle gab, bei denen Seelen nach beiderseitiger Zustimmung die Körper getauscht haben und gelegentlich wurde auch ein Körper von einer Seele gestohlen und später durch den wahren Besitzer wiedererlangt. Solch ein Austausch verursacht immer großes Leid für den Körper und manchmal zerstört er ihn auch. Die falsche Seele im falschen Körper ist einer der Gründe von Wahn- oder Irrsinn. Die Seele und der Körper passen nicht zueinander und die Handlungen im Leben passen ebenso wenig zueinander. Kurzweiliger Irrsinn, gefolgt von Tagen der Klarheit sind das Ergebnis eines Seelenaustauschs. Wenn die richtige Seele im Körper ist, drückt sich dieser auch richtig aus. Wenn eine fremde Seele im Körper ist, ist dieser nicht imstande, sich richtig auszudrücken.

Es gibt Fälle, in denen zwei Seelen einen Körper bewohnen. Das herauszufinden ist sehr leicht aufgrund der zwei verschiedenen Gemüter, die sich hier durch den gleichen Körper ausdrücken wollen. Dieses Seelenpaar ist für gewöhnlich männlich und weiblich und kommt generell sehr gut miteinander aus, denn sie haben den gemeinsamen Körper aufgrund intensiver Sehnsucht zueinander ausgesucht. Solche Körper sind oft mit Talent und Genialität gesegnet.

Eine Seele ist sich zu jeder Zeit ihrer Taten bewusst, egal, ob sie nun innerhalb oder außerhalb des Körpers handelt. Aber unser Körper oder unser Gehirn ist sich nur den Handlungen der Seele bewusst, wenn diese sich im Körper befindet. Deshalb verschwindet das gesamte Wissen des Lebens der Seele, sobald sie den Körper verlässt, bis zu dem Zeitpunkt, an dem sie wieder zu ihm zurückkehrt. Das ist das eine große Hindernis, welches im Weg steht und verhindert, dass die Menschheit das Wissen über die Gewissheit des geistlichen Lebens erlangt. Es ist sowohl logisch als auch plausibel für den Körper, dass er keine Möglichkeit hat, dieses Wissen zu erlangen und auch kein Element in dessen Konstruktionsplan unsterblich ist. Als Teil der Erde kamen sie, als Teil dieser kehren sie wieder zurück.

Behalte diese Tatsache im Hinterkopf. Während die Seele im Körper ist, ist sie ein Gefangener und kann sich selbst nur ausdrücken, sofern es der Körper auch erlaubt. Wenn sie außerhalb des Körpers ist, kann sie wachsen und sich entwickeln, aber in dieser Zeit besteht keine geistige Verbindung zwischen der Seele und dem Körper. Der Körper ist nur ein unbenutztes Werkzeug. Es wäre genauso, als würde man erwarten, dass eine Dampfmaschine ohne Dampf arbeiten würde. Oder ein Kamin ohne Feuer heizen könnte. Genauso kann der Körper auch nicht ohne die Seele funktionieren oder ihre Tätigkeiten aufzeichnen, während sie sich nicht im Körper befindet. Obwohl ich diese Dinge wusste, als ich nicht in meinem Körper war, konnte ich mich niemals daran erinnern, als ich wieder zurückkehrte und alles, was blieb, war ein schwaches Gefühl oder eine Zuversicht, dass irgendwo ein anderes Leben ist und dass ich unsterblich bin.

In der Nacht, als ich die Erde verließ, sah und realisierte ich alles so klar, dass ich wusste, ich könnte es dir irgendwie erzählen. Ich wusste es auch vor meinem Start auf meine lange Reise. Ich kann, wenn ich es will, mich selbst dir sichtbar machen oder irgendwem sonst, zu dem ich einen sehr starken Bezug habe, aber ich hielt mich damals zurück, weil ich Angst hatte, dass ich dich erschrecken könnte.

„Wir kennen das Leben nicht, wie sollen wir den Tod
kennen?"
- Konfuzius -

# III. DIE REISE

Ich fühlte mich so frei und stark, dass ich gerne ein bisschen Zeit mit den Seelen verbracht hätte, die ihre kurzzeitige Freiheit genießen, aber ein unwiderstehlicher Trieb zog mich weiter nach oben. Wohin ich ging, wusste ich nicht; ich folgte lediglich einem unerklärlichen Gefühl, dass ich einen Teil meines Schicksals erfüllen würde. Ich flog nicht, ebenso strengte ich mich nicht an vorwärts zu kommen, ich glitt einfach durch Raum und Zeit. Es schien, als würde ich in eine ganz bestimmte Richtung gezogen, wie von einem Magneten. Ich wusste nicht, wie schnell ich reiste oder wie lange; ich hatte keinerlei Gefühl für die Zeit. Es könnten mehrere Tage gewesen sein, ich kann es nicht genau sagen. Auf der Reise traf ich andere Seelen, die in die entgegengesetzte Richtung unterwegs waren, aber niemand bewegte sich in meine Richtung. Die Reise gab mir viel Zeit, über die Herrlichkeit der Gesetze zu reflektieren, welche sorgfältig die Angelegenheiten des Universums regeln, dessen Pläne zum Wohl einer einzelnen Seele, wie ich es bin, entwickelt und ausgeführt werden. Mir wurde bewusst, dass ich einem göttlichen Gesetz gehorchte.

Ich dachte oft an dich und an die Millionen Seelen auf der Erde und wunderte mich, warum sie dortgeblieben sind und ich ausgewählt wurde. Als diese Frage später für mich beantwortet wurde, war ich in der Tat sehr überrascht. Seit ich die Erde verließ, ist mein Leben ein kontinuierlicher Fluss von Offenbarungen.

Nachdem ich eine scheinbar sehr lange Zeit gereist war, realisierte ich, dass ich mich einer anderen Erde oder einem anderen Planeten näherte. Ich kam näher und näher, fühlte aber dennoch keine Furcht. Der Ablauf schien ganz natürlich zu sein, so als hätte ich dies schon einmal getan. Ich erkannte schnell, dass der Planet, dem ich mich näherte, sehr viel größer als die Erde war, die ich verlassen hatte. Ich war auf der Tageslicht-Seite und die Sonne schien auf den Planeten. Er sah wahrhaft wunderschön aus. Blumen, Bäume und Seen waren überall, ebenso wie prachtvolle, künstlerische Gebäude. Man sah ganz deutlich, dass die Gebäude das Produkt einer höheren Intelligenz, als die der Erdbewohner waren. Die Menschen, die ich erblickte, waren sehr stattlich und schienen perfekte Körper zu haben.

Für einige Stunden schwebte ich staunend um und über diese Welt, als würde ich auf weitere Anweisungen oder eine Macht warten, welche mich in mein neues Heim geleitet, denn ich war mir inzwischen sicher, dass diese wunderschöne Welt mein Zuhause ist, zumindest für eine kleine Weile. Als die Sonne unterging, bis tief in die Nacht, reiste ich in allmählich schmaler werdenden Kreisen über einer großen Stadt, welche, wie ich später lernte, „Alpha" oder „Allererste" genannt wurde. Es ist die größte und älteste Stadt auf diesem Planeten. Ich fühlte einen Impuls und begann, an Höhe zu verlieren. Nach einigen Minuten landete ich, betrat ein Haus und dann verstand ich. Das Schicksal hatte ein neues physisches Heim für mich vorbereitet – ein wundervoller junger Körper war nun meiner und ich wurde neu geboren.

Die Reise

„Wenn wir aus dieser Welt durch Sterben uns begeben, so
lassen wir den Ort, wir lassen nicht das Leben."
- Friedrich von Logau -

# IV. WARUM WIR DIE ERDE
# BEWOHNEN

In den ersten drei Jahren war ich dank der extremen Jugend meines Körpers nicht in der Lage, sehr viel von meiner Individualität auszudrücken, aber trotzdem dachte ich oft an dich und fühlte, dass dich meine Gedanken erreichen und ich mein Versprechen dadurch halten werde. In den späteren Jahren entwickelte ich mich immer schneller und ich habe für mein scheinbar junges Alter schon enorm viel gelernt, denn hier fällt es einem sehr leicht, neues Wissen zu erlernen. Ich scheine bei dieser Regel keine Ausnahme zu sein. Viele der Dinge, die ich gelernt habe, sind allerdings ohne Nutzen für dich, solange du dich auf der Erde aufhältst. Also werde ich mich darauf beschränken, dir nur Dinge zu erzählen, welche zum jetzigen Zeitpunkt nützlich für dich und deine Mitmenschen sind.

Zuerst muss ich dir erzählen, was die Erde ist, wieso und warum sie besiedelt wurde und von wo die Seelen kommen, welche sie bewohnen. Die Erklärung wird dich zuerst verwirren, aber wenn du meinen Erzählungen folgst, wird es dir klar werden.

Die Erde ist eine Randsiedlung und unterscheidet sich von allen anderen Planeten und wird von den Einflüssen dieser dominiert wie eine Feder im Wind. Jeder dieser anderen Planeten, soweit ich es feststellen konnte, hat eine besondere Art von Einwohnern. Ein Volk, welches charakteristisch für diesen speziellen Planeten ist. Die Erde hat zwölf besondere Arten, welche dir bekannt sein dürften als die „Zwölf Stämme Israels[2]" und weiterhin Tausende

---

[2] Die Zwölf Stämme Israels bilden nach dem Tanach, der hebräischen Bibel, zusammen das von JHWH (Eigenname des Gottes Israels im Tanach) erwählte Volk Israel

von Variationen, welche durch Mischehen zwischen den verschiedenen Stämmen entstanden sind. Dies formte eine geballte Masse von Sprachen, unterschiedlichen menschlichen Naturen und Religionen. Die vielfältigen und widersprüchlichen Ideen und Emotionen dieser verschiedenen Kategorien von Seelen halten die Einwohner in ständiger Unruhe. Jeder der Stämme ist misstrauisch gegenüber anderen Stämmen und entwickelt sogar Hass ihnen gegenüber. Jedes Volk beobachtet das andere und nutzt jede Gelegenheit, um sich einen Vorteil gegenüber diesem zu verschaffen. Infolgedessen ist das wahre Glück ein sehr kurzer und vorübergehender Zustand auf der Erde. Unter den Bewohnern der Erde existiert ein abnormales Verlangen nach Dingen, die einen zerstören, sobald man sie erreicht hat. Die Dinge, die schädlich sind, besitzen eine hohe Attraktivität und es entwickelt sich zu einer verzehrenden Leidenschaft, nach diesen zu streben. Im Gegensatz dazu ist das, was zum Vorteil und zum Wohl der Person ist, unangenehm und wird in jedem Fall vermieden. Der unbewusste Wunsch der Selbstzerstörung liegt allen anderen Wünschen zugrunde, und die katastrophale Erfahrung eines einzelnen Individuums ist nicht automatisch auch eine Warnung oder Lehre für ein anderes. Unter diesen Bedingungen ist es fast unmöglich für die Bewohner der Erde, vieles von Wert zu erreichen, denn ihre Emotionen und fehlgeleiteten Wünsche werden sie schon bald zerstören. Dies ist das Gesetz der Erde. Die Erde ist das Schlachtfeld, auf dem jede Seele sich im Kampf gegen Gut und Böse erhebt oder fällt. Diese Wünsche wurden erschaffen, um ihre Zielstrebigkeit und ihr Verlangen, sich stetig in die richtige Richtung zu entwickeln, zu testen.

Die Erde ist für uns und die Bewohner der anderen Planeten als der Ort der ewigen Qual bekannt, wo die Sünder von allen anderen Planeten in ihr Exil geschickt werden, um die Übertretungen des göttlichen Gesetzes zu sühnen. Die Erde ist der Platz, welchen viele eurer Religionen als „Hölle" bezeichnen und als solche ist er auch auf allen anderen Planeten bekannt.

Das Universum ist in zwölf Sektoren unterteilt. Die Planeten in jedem Sektor des Universums werden von einem ganz bestimmten Typ Mensch bewohnt. Komplett unterschiedlich im Grad der Intelligenz und Weiterentwicklung im Vergleich zu den anderen Sektoren. Beginnend mit dem ersten Sektor und fortschreitend bis zum zwölften Sektor repräsentiert jeder Sektor einen ganz eigenen Charakter der Intelligenz, aber jede Stufe ist erforderlich, um die perfekte Intelligenz zu erreichen. Jeder Sektor wird durch „Sektor-Fürsten" geführt, die wiederum durch ein weiteres Oberhaupt geführt werden, welches sich im himmlischen Reich jenseits aller Grenzen befindet.

Die zwölf Sektoren des Universums haben Namen, die etwa den folgenden entsprechen: Ahbo, Ahco, Ahdo, Ahfo, Ahgo, Ahko, Ahlo, Ahmo, Ahno, Ahpo, Ahro und Ahso. Auf jedem Planeten in diesen Sektoren gibt es jedes Jahr eine „Bewertungszeit" und alle Seelen, die bis dahin ein ausreichendes Maß an Entwicklung und Vervollkommnung gewonnen haben, werden von ihrem Körper befreit und gehen auf eine weitere Reise in ein neues und passenderes Heim in einem anderen Sektor. Diejenigen aber, die nicht nach den Gesetzen des Planeten gelebt haben, auf dem sie sich befinden, und gegenüber den Wünschen des Schöpfers und ihrer eigenen Weiterentwicklung Missachtung gezeigt haben, werden verbannt in das Land der Qual (die Erde). Dort bleiben sie so lange, bis sie ihren Irrtum einsehen und mit ehrlichem Wunsch anfangen, an ihrer physischen und seelischen Perfektion zu arbeiten. Dieser Bewertungsprozess dauert etwa einen Monat auf den Planeten jedes Sektors. Folgend auf die Bewertungszeit des Sektors Ahbo kommt die Bewertungszeit des Sektors Ahco und so weiter und für immer, ohne eine Unterbrechung und in einem perfekten gleichbleibenden Ablauf.

Diejenigen, die verbannt wurden, verlassen binnen kürzester Zeit ihren Körper, reisen Richtung Erde ab und übernehmen dort einen neugeborenen physischen Körper als ihre neue Heimat. In diesem Körper bleiben sie, bis sie sich als würdig erweisen, erneut von der Gesellschaft von der sie verbannt wurden, akzeptiert zu werden. Es gibt ein Gesetz, welches bestimmt, was für einen Charakter der Körper der abtrünnigen Seele haben wird, während diese auf der Erde weilt und zwar von dem Zeitpunkt an, an dem sie geboren werden, bis zu dem Punkt, an dem sie ihre eigene Verantwortung für ihre Ausbildung und Entwicklung übernehmen können. Dies wurde aus dem Grund so bestimmt, damit nicht der Neuankömmling zu sehr auf die Entwicklung der Eltern einwirkt, sondern sich diese ebenfalls selbstständig entwickeln können.

Es ist bekannt, dass auf der Erde, Kinder die in verschiedenen Monaten geboren wurden, auch unterschiedliche Qualifikationen und Eigenschaften des Charakters aufweisen. Dies ist das Resultat des Zuflusses der verbannten Seelen aus den zwölf verschiedenen Sektoren. Diejenigen, die z.B. im Januar verbannt wurden, erreichen die Erde zwischen der letzten Hälfte des Monats Januar und der ersten Hälfte des Februars. Sie kommen aus dem Sektor mit dem Namen Ahbo und du kannst sie an ganz bestimmten und sehr deutlichen Merkmalen erkennen.

„Wir sterben viele Tode, solange wir leben, der letzte ist
nicht der bitterste"
- Karl Heinrich Waggerl -

# V. DIE ZWÖLF SEKTOREN

## Ahbo

Seelen, die aus dem Sektor Ahbo kommen, sind hauptsächlich erkennbar an folgenden Eigenschaften: Einen schnell aufnahmefähigen Verstand und einen edlen und fortschrittlichen Charakter mit einem leichten Ansatz zur Eigenwilligkeit. Sie besitzen eine Vorliebe für Kunst und das Okkulte und manchmal haben sie eine besondere Begabung, sich mit Kunst, Poesie, Literatur oder Malerei auszudrücken. Sie träumen in großen und genialen Bildern, welche durch die begrenzten Bedingungen der Erde nicht ausführbar sind. Auf ihrem eigenen Planeten sind sie gut ausgebildete und kultivierte Lebewesen mit sehr viel Inspiration, durch welche sie sehr schöne und erhebende Dinge erschaffen. Auch auf der Erde sind sie Studenten, Denker und Reformer, welche jede Innovation verbessern und unterstützen, welche der Entwicklung und Verbesserung der Menschheit dient. Jedes Mal, wenn die Erde in ihren moralischen und religiösen Belangen eine höhere Stufe erreicht, wird es hauptsächlich das Ergebnis der Anstrengungen von Menschen sein, dessen Seele aus Ahbo stammt. Als Arbeitgeber sind sie optimistisch, bauen ihre Mitarbeiter auf und finden in anderen unentdeckte Fähigkeiten und bringen diese ans Tageslicht. Sie sind in ihrem Verhalten eher empfindsam und unterwürfig statt aggressiv, jedoch im Inneren durchgreifend und entschlossen. Ihre angeborene Erhabenheit und exzellente Vernunft motivieren sie dazu, ihre Reformen in einer stillen, ausdauernden Art und Weise voranzutreiben, um die Herzen der Menschheit zu erreichen. Während sie sich bescheiden und zurückhaltend benehmen, sind sie keinesfalls schwach oder feige. Sie sind tapfer und stark und durchlaufen schwere Prüfungen im Leben mit einer

Erhabenheit und einem Edelmut, welche keine Furcht kennen. Sie wurden gereinigt und geadelt durch ihre Erfahrungen, die sie sammelten, als sie sich ihren Weg durch die elf Sektoren in den zwölften gebahnt haben. Dieses Menschen sind jene, welche noch die letzten Details der Perfektion erlernen müssen, bevor sie durch das Tor zum Himmel schreiten. Ihre Bekanntschaft sollte von der ganzen Menschheit angestrebt werden, denn sie besitzen die Kraft, anderen zu helfen, die Fehler schneller zu überwinden, welche sie auf der Erde festhalten. Die Menschen der anderen Sektoren werden oft eifersüchtig auf ihre vollkommenen und vorbildlichen Brüder und versuchen ihnen zu schaden, indem sie sie vor anderen in ein falsches Licht rücken. Dabei realisieren sie nicht, dass so eine Tat eine Bremse für ihren eigenen Aufstiegsprozess in einen höheren Sektor darstellt.

Denke immer daran, dass alle Menschen sich irren können und alle irgendwie für ihre Fehler am Mitmenschen bestraft werden und niemand im Universum vor der entsprechenden Bestrafung fliehen kann. Obwohl die Menschen aus dem Sektor Ahbo eine Zeit lang auf der Erde wandeln, um Fehler zu sühnen, sind sie bei ihrer Rückkehr nur noch einen kleinen Schritt vom Himmelreich entfernt, welches jedes Lebewesen erreichen möchte. Ich sage es dir nochmal: Suche diese Menschen und versuche, eine Beziehung zu ihnen zu entwickeln. Du kannst dir sehr viel Wissen von ihnen aneignen, welches dir letztlich helfen wird, deine Bestimmung schneller zu erreichen.

„Lebe so, wie wenn Du nochmals leben könntest - dies ist
Deine Pflicht. Denn Du wirst in jedem Falle nochmals
leben."
- Friedrich Nietzsche -

## Ahco

Die Seelen, welche die Erde in der zweiten Februar- und ersten Märzhälfte erreichen, kommen aus dem Sektor Ahco, dem elften Sektor und sind in ihrer Entwicklung nur in geringem Grad von den Menschen aus Ahbo entfernt. In vielerlei Hinsicht sind sie sich ähnlich, besonders in ihrer Liebe zur Natur, dem Okkulten, Kunst und Literatur und in der Selbstaufopferung in dem Bemühen, all jenen Auftrieb zu geben, welche ihre guten Absichten noch nicht selbst erkennen. Sie sind bescheiden, großzügig und man kann sich immer auf sie verlassen. Sie selbst setzen ebenfalls großes Vertrauen in andere Menschen, werden dadurch allerdings sehr oft enttäuscht. Sie unterscheiden sich hier von den Menschen aus Ahbo, da sie sich schnell entmutigen lassen und nicht den Grad der Stärke und Mut besitzen, welcher erforderlich ist, damit sie schwere Enttäuschungen überwinden können. Sie müssen erst diese Fähigkeit erwerben, bevor sie in den zwölften Sektor aufsteigen können. Die Menschen aus Ahco sind zügellos in der Benutzung ihrer Emotionen und sie tragen ihre Stärke über Emotionen in ihre Außenwelt. Ihnen fehlt die ruhige und subtile Kontrolle, welche (wenn sie sie besäßen) ihre Kräfte schonen würde. Für sie ist es seliger zu geben, als zu nehmen und dies zu verlangen, wäre vergeblich. Sie sind zu großzügig, als dass es noch gesund für sie wäre. Sie sind am erfolgreichsten in Berufen, in denen sie ihre Emotionen ausdrücken, und auf die Emotionen anderer einwirken können. Krankhaftigkeit während ihres Exils auf der Erde, induziert durch falsche Einbildung, welche nicht existiert, führt bei ihnen oft zu selbst herbeigeführtem körperlichem Verfall. Auf ihrem eigenen Planeten haben sie diese Neigung nicht, aber das Bewusstsein, dass ihr Aufenthalt auf der Erde eine Art Strafe ist, macht sie extrem empfindlich.

Diese Menschen aus Ahco mögen Tapetenwechsel, reisen sehr gern und eine bestimmte Menge dieser Reisen ist für ihr geistiges und körperliches Wohlbefinden und auch für die Entwicklung ihrer Seele unbedingt notwendig. Sie hören auf ihr Herz, üben selbstlose Hingabe aus und sind reich an Wissen. All dies macht sie zu begehrenswerten Freunden. Sie besitzen die Fähigkeit, halbfertige oder schlecht ausgeführte Pläne anderer zum Erfolg zu bringen und ihre größten Leistungen werden sie in Partnerschaften mit Menschen vollbringen, welche keine starke Führungsrolle ausüben. Die Macht der Zusammenarbeit und der weitreichenden Sympathie zeichnet sie aus. Versuche nicht, einen ungerechtfertigten Vorteil aus ihrer Großzügigkeit und ihrem Vertrauen zu ziehen und bemühe dich, sie mit Hoffnung und dauerhaftem Mut zu begeistern und du wirst eine gute Arbeit für das Universum leisten.

Je höher wir steigen, desto schwieriger wird es, das Niveau zu halten und das ist die große Gefahr auf den höheren Sphären. Manchmal werden sie geblendet und sind verwirrt von den großen Wahrheiten, welche sich in ihrer Umgebung enthüllen und lassen sich aufgrund dessen zurückfallen, um sich wieder erneut hochzuarbeiten. Und so kommt es, dass wir Menschen aus dem elften und zwölften Sektor auf der Erde finden. Sie werden an einem kritischen Punkt ängstlich und versagen. Nächstes Mal werden sie es besser machen. Die folgenden zehn Sektoren werden nun nicht mehr in der Reihenfolge ihres spirituellen Fortschritts wiedergegeben.

"Jede Geburt ist Wiedergeburt"
- Wilhelm Busch -

# Ahdo

Die Seelen, welche die Erde während der letzten Hälfte des März und der ersten Hälfte des Aprils erreichen, kommen aus Ahdo. Sie sind kämpferische Personen mit einem entschlossenen Geist, welcher sie zum Sieg oder zum Tod führt. Oft sind sie unentschlossen, einem bestimmten Karriereweg zu folgen, aber sobald diese Unentschlossenheit überwunden ist und sie ihre Aufgabe klar sehen, sind sie bereit, dieser ihre ganze Aufmerksamkeit zu widmen, koste es, was es wolle. Natürlich stark und voller Energie werden sie Anführer anderer Stämme, welche sie auf der Erde vorfinden. Da sie selber stark und einfallsreich sind, haben sie wenig Mitleid mit der Schwäche anderer Menschen. Sie werden oft von ihren eigenen Leidenschaften besiegt. Sie sind egoistisch, ignorieren bewusst die Schwächen derer, die sie lieben und diese wiederum hintergehen sie aufgrund ihres Egoismus. Sie sind verschwenderisch in der Benutzung von Konsumgütern auf der Erde. Die Frauen, ebenfalls von Natur aus Führungspersönlichkeiten, werfen ihr Geld mit einer eigensinnigen Sturheit aus dem Fenster, welche keinerlei Beschränkung obliegt. Sie fordern Unabhängigkeit und sind bei der geringsten Andeutung von Missbilligung oder Beschränkung verärgert. Sie lieben das Abenteuer und die Intrigen.

Die Männer finden am meisten Ausdruck in der Politik und im Krieg. Sie sind achtlos, was ihren physischen Körper betrifft, setzen ihn unnötiger Gefahr aus und müssen für diese Gleichgültigkeit ihrer Natur oft einen hohen Preis bezahlen. Ihr Leben besteht aus Emotionen und Empfindungen – Freude und Leid – und sie sind mehr abhängig von dem, was sie fühlen, als von dem, was sie denken. Die Neugier, hinter die Kulissen des Lebens zu schauen, bringt sie an merkwürdige Orte und sie entwickeln manchmal einzigartige Theorien unter Berücksichtigung der Zukunft nach dem Tod.

Ihr Leben auf der Erde verläuft alles andere als reibungslos, aber sie wollen es auch nicht anders. Lieber leiden als gar keine Empfindungen zu spüren. Sie sind sehr empfindsam und die Saiten ihrer Natur müssen immer vibrieren, damit sie sowohl die schlechten, wie auch die guten Erfahrungen genießen können, die ihnen gegeben werden. Action, Action und nochmal Action scheint ihr Leitmotiv zu sein. Sie werden immer versuchen, das zu erreichen, was außerhalb ihrer Reichweite zu sein scheint. Sie sind eher hitzig, leidenschaftlich und demonstrativ als liebevoll und somit nicht für die Aufgaben eines Ehelebens geeignet. Diese Menschen werden oft von anderen missverstanden und müssen aufgrund ihrer Natur eher bemitleidet als getadelt werden. Wie auch immer, dies alles wird durch das Feuer ihrer eigenen Leidenschaft ausgelöst und hiermit müssen sie sich auf dem Weg in ruhigere Sphären auseinandersetzen.

„Wie nah sind uns manche, die tot sind, und wie tot sind
uns manche, die leben."
- Wolf Biermann -

# Ahfo

Seelen die zwischen Mitte April und Mitte Mai die Erde erreichen, kommen vom Planeten des Sektors Ahfo. Diese Menschen repräsentieren Licht und Stärke. Sie verlangen danach zu wachsen, sich zu erweitern und die Wünsche ihres Schöpfers im Rahmen ihres Schicksals zu erfüllen. Sie besitzen physische Kraft, moralische Stärke und hohe geistige Aktivität. Sie setzen Dinge um und scheinen fähig zu sein, die meisten unrealistischen Pläne anderer zu verstehen und helfen ihnen bei der Umsetzung. Sie sind praktische, nützliche und zuverlässige Menschen. Durch ihre Eigenständigkeit, den innerlichen Mut und die intuitive Fähigkeit, öffentliche Empfindungen zu spüren, sind sie imstande, erfolgreich in der Finanzwelt und der Politik zu agieren. Ihre geistige Kraft erzwingt oft den Erfolg, wo ein schwächeres Herz versagt hätte. Ihnen werden oft Vertrauenspositionen in öffentlichen Angelegenheiten gegeben, aber ihnen muss erlaubt sein, ihre Pläne auf ihre eigene Art und Weise und zu ihrer Zeit auszuführen. Durch stetige Ausdauer und Unbefangenheit gewinnen sie eine feste Basis in Finanzgeschäften und als Finanziers hintergehen sie niemals das Vertrauen der Menschen. Sie haben viele Freunde und passen diese ihrer Umgebung an. Sie sind nicht sehr gesprächig und haben auch keine stark ausgeprägte Phantasie. Die Frauen dieses Stammes sind treu und standhaft in ihrer Hingabe. Aufgrund ihrer angeborenen Würde und ihres Stolzes fordern sie in gleichem Maße Ehre und Treue von ihren Partnern. Die Heime dieser Menschen sind Häfen der Ruhe. Durch Ordnungsliebe, Eleganz und Raum tendieren sie dazu, ihre Heime auf großen und teuren Grundstücken zu bauen, welche von Grünanlagen und Parks umgeben sind. Das Heim kommt als erstes in ihrer Wertschätzung und der Ruf an zweiter Stelle.

„Wäre der Tod nicht, es würde keiner das Leben schätzen.
Man hätte vielleicht nicht einmal einen Namen dafür."
- Jakob Bosshart -

# Ahgo

Die Seelen, welche auf der Erde in der zweiten Mai- und ersten Junihälfte ankommen, stammen aus dem Sektor Ahgo. Von allen Stämmen sind sie die wandelbarsten. Ihre Natur ist so wechselhaft wie der Wind. Sie sind eine interessante Kombination aus scheinbaren Widersprüchen. Dies resultiert aus der Tatsache, dass sie keine klar definierte Denkweise besitzen, aber als Empfänger von Eindrücken, Vibrationen und Impulsen anderer agieren. Die empfangenen Informationen drücken sie als ihre eigenen aus. Sie verstehen sich selbst nicht besser als andere sie verstehen. Alle ihre Aktionen und Emotionen sind sehr sprunghaft. Sie lieben den einen Moment und hassen den nächsten. Sie planen bestimmte Dinge zu tun und wenn es soweit ist, tun sie manchmal genau das Gegenteil dessen, was sie geplant haben. Sie können oft keinen Grund für ihr Handeln und ihre Sprunghaftigkeit geben. Sie sind ein Mysterium, sowohl für sich selbst, als auch für andere. Diese schwankenden Geister sind nicht von Natur aus schlecht oder böse, neigen aber dazu eher nach oben als nach unten zu streben. Vieles jedoch hängt von ihrer Umgebung und Freunden ab. Als Unterhalter erlangen sie den größten Erfolg. Ihr brillanter Verstand, durchsetzt mit vereinzelten inspirierenden Geistesblitzen, macht sie äußerst interessant. Sie mögen es zu unterhalten und auch unterhalten zu werden. Das normale Geschäfts- und Privatleben ist eine Belastung für sie. Ihr ruheloser Geist führt unaufhörlich zu Veränderungen ihrer Denkweise, Ansichten und Bedingungen. Sie besitzen eine starke Liebe zum Meer und viele Elemente in ihren Liebschaften und ihrer eigenen Zufriedenheit sind mit dem Wasser verbunden. Sie sind nicht sehr erfolgreich auf kommerziellem Weg, denn dafür sind sie zu großzügig, verschwenderisch und selbstlos, als dass sie Gewinn aus dem Verlust eines anderen Menschen ziehen könnten.

„Alles was mich die Wissenschaft bisher gelehrt hat,
bestätigt meinen Glauben in eine spirituelle Wiedergeburt
nach dem Tod. Ich glaube an eine unsterbliche Seele. Die
Wissenschaft hat bewiesen, dass sich nichts in Nichts
auflösen kann. Das Leben und die Seele können sich
deshalb unmöglich in Nichts auflösen und sind deshalb
unsterblich."
- Wernher von Braun -

# Ahko

Verbannte Seelen, welche in der zweiten Juni- und der ersten Julihälfte zur Erde reisen, kommen aus dem Sektor Ahko. Diese Menschen zeichnen sich durch zwei deutlich ausgeprägte Charaktereigenschaften aus: Empfindlichkeit und pessimistische Gefühle in Bezug auf sich selbst. Obwohl sie in vielerlei Hinsicht begabt sind, ist es schwer, ihre genaue Fähigkeit zu definieren, denn sie sind instabil und veränderbar. Sie schlagen einen Kurs ein und dann bringt sie eine Kränkung von jemandem, für den sie Sorge tragen, in eine Phase der Entmutigung und sie geben ihre Pläne auf.

In Angelegenheiten, die sie selbst nicht betreffen, sind sie stur und unnachgiebig, aber die persönliche Empfindlichkeit ist dennoch oft ihr Verderben. Sie fordern Anerkennung, Ehre und sogar Schmeichelei und fühlen sich nicht wohl ohne diese Dinge. Sie reden gern über ihre realen oder vermuteten Leiden, um Sympathie zu erlangen. Sie reisen gerne und die Befriedigung dieses Verlangens ist nur durch die Geldmenge begrenzt, welche sie sich zu diesem Zweck sichern können. Sie lieben es, sich darzustellen und machen sich oft zu viele Gedanken darüber, wie sie sich kleiden. Ihr Eigeninteresse schließt es aus, großes Interesse am Leben anderer zu zeigen. Sie versagen daher konsequent darin, anderen Menschen Zugeständnisse aufgrund ihrer angeborenen Schwächen zu gewähren. Obwohl sie natürlicherweise sehr häuslich geprägt sind, ärgern sie sich dennoch sehr darüber.

Auffallend charakteristisch für diese Menschen ist ebenfalls der Unterschied ihrer Ansichten über das gleiche Thema an unterschiedlichen Tagen. Was heute für sie die Wahrheit zu sein scheint, kann sich morgen für sie als Fehler herausstellen. Dies ist darauf zurückzuführen, dass sie sich auf die aktuellen Themen in ihrem Leben konzentrieren und sich aufgrund neu erlernter Erkenntnisse, ihre Meinungen und Ansichten ändern. Sie sind niemals verschwenderisch in ihrer Großzügigkeit. Sie horten eher, als dass sie ausgeben, denn sie haben eine große Angst vor Altersarmut. Viele dieser Menschen, sowohl weiblich wie auch männlich, werden erfolgreiche Redner, sofern ihr Geist aktiv und ihre rhetorische Leistung stark ist. Sie sind ebenso glücklich als Hersteller verschiedener Produkte, denn sie haben eine Begabung, neue Prinzipien und Konzepte auszuarbeiten und somit z.B. mechanische Geräte zu verbessern. Wenn sie dazu gezwungen sind, können sie geschäftlich sehr erfolgreich sein.

„Das einzig Wichtige im Leben sind die Spuren der Liebe,
die wir hinterlassen, wenn wir gehen."
- Albert Schweitzer -

# Ahlo

Seelen, welche die Erde in der zweiten Juli- und der ersten Augusthälfte erreichen, kommen aus dem Sektor Ahlo. Diese Menschen sind großzügig, sympathisch, gutherzig und in einem gefährlichem Grad impulsiv. Sie sind mutig und entschlossen, agieren aus dem Herzen und nicht aus dem Kopf und werden von Liebe und Sympathie geleitet. Sie sind Baumeister und Verehrer des Lebens. Sie wurden von der Natur mit starken Gefühlen der Liebe bedacht und können ohne Sympathie und Zuneigung nicht leben. Sie suchen aktiv danach und finden sie auch und sollte es erforderlich sein, würden sie auch dafür sterben. Bei der Quelle der Liebe sind sie nicht wählerisch, die Wahl ihrer Freunde wird daher oft kritisiert.

Ebenso lieben sie das Vergnügen und für gewöhnlich ist es diese träumerische und manchmal sinnliche Ablenkung, welche enorm stark auf sie wirkt. Sie mögen keine physische Anstrengung und mentaler Aufwand ist ebenso unangenehm. Sie sind inspirierend, intuitiv, spontan und verschwenden keine Zeit damit, übers Leben zu philosophieren oder dessen Feinheiten zu studieren und zu verstehen. Sie besitzen einen persönlichen Magnetismus, welcher inspiriert und andere Menschen zur Unterstützung antreibt, egal aus welcher Bevölkerungsschicht diese stammen. Diese Menschen erzielen Erfolg in der Schauspielerei, wenn sie gewillt sind, diesem Unterfangen auch Zeit zu geben. Denn gerade dann handeln sie überwiegend aus ihrer Intuition heraus. Auch in der Musik können sie erfolgreich sein. Viele dieser Menschen haben gemeinsam, dass sie eine hohe körperliche Schönheit besitzen und ihre jugendliche Erscheinung und dessen Ausgelassenheit des Geistes jenseits des Durchschnittsalters bewahren können. Die besten Möglichkeiten, ihren Charme und ihr Talent darzustellen, finden sie daher auch im Theater und an Plätzen öffentlicher Unterhaltung.

„Ich bin von der Reinkarnation überzeugt, seit ich 26 Jahre alt war. Was einige für eine besondere Gabe oder ein Talent zu halten scheinen, das ist nach meiner Ansicht die Frucht langer, in vielen Leben erworbener Erfahrung. Wir alle werden viele Male wiedergeboren, leben viele Leben, sammeln Erfahrungen und entwickeln uns weiter. Die scheinbar intuitive Gabe ist in Wirklichkeit das Produkt langer Erfahrung aus mehreren Reinkarnationen.“

- Henry Ford -

# Ahmo

Seelen, welche die Erde in der zweiten August- und der ersten Septemberhälfte als ihren Wohnsitz beziehen, kommen aus dem Sektor Ahmo. Diese Menschen besitzen eine materialistische und nüchterne Denkweise, ein gewisses Gespür für menschliche Naturen und eine kalte, berechnende Einschätzung des Lebens. Sie sind qualifiziert als Anwälte, Chemiker, Designer, Gelehrte, Philosophen, Journalisten, Autoren oder Politiker. Ihre forschende Denkweise bringt sie oft in Schwierigkeiten, speziell dann, wenn sie in persönlichen Angelegenheiten ihrer Freunde herumstöbern und Nutzen aus den Informationen ziehen, welche sie dadurch erhalten. Eine Widersprüchlichkeit im Leben dieser Menschen ist ihre Unfähigkeit, Familienstreitigkeiten und -unstimmigkeiten zu meistern, welche sie selbst verursacht haben. Häusliche Konflikte scheinen sie zu lähmen und machen sie geistig und physisch krank. Eine unglückliche eheliche Beziehung kann die Karriere eines solchen Menschen mehr zerstören, als irgendetwas sonst in ihrem Leben. In ihren Beziehungen sind sie nicht liebevoll, unterhalten aber eine respektvolle Förmlichkeit. Sie sind mehr daran interessiert, darauf zu achten, sich zu verbiegen, damit sie von ihren Freunden gemocht werden, anstatt sich so zu geben, wie sie sind. Wenn man ihre Zuneigung einmal verloren hat, ist es sehr schwer, sie wiederzugewinnen. Während sie erfahren und unbezwingbar in vielen Angelegenheiten erscheinen, sehnen sie sich nach Verständnis für ihre geistige Stellung. Diese erhalten sie auch im Regelfall, denn sie sind ausdauernde Leser und erhalten und bewahren sehr viel Wissen, welches sie besonders clever anwenden können. Allerdings sind sie ungerecht, denn sie kritisieren die Arbeit jüngerer oder weniger erfahrener Menschen und vergessen dabei allzu gerne, dass Weisheit und Wissen nicht großzügig verteilt werden, sondern von jedem individuell erarbeitet werden müssen.

Die Frauen dieser Gattung sind besonders putzsüchtig und suchen soziale Anerkennung, für deren Erreichung sie sich sogar in extreme Gefahren begeben können. Sie können Vorteile in einem Geschäftsabschluss sehen, den andere nicht sehen können. Weder Frauen noch Männer lassen sich hierbei Gelegenheiten entgehen.

Obwohl zerbrechlich und anfällig in ihrer äußeren Erscheinung, besitzen diese Menschen eine bemerkenswerte Vitalität und gesundheitsfördernde Kräfte, welche den Auswirkungen von Krankheiten im Alter trotzen. Nur wenige von ihnen sind finanziell arm, denn ihre praktische und nutzenorientierte Einschätzung des Lebens ist quasi ein Versprechen für zumindest durchschnittlichen Erfolg. Sie reisen nicht viel, aber sie schlendern instinktiv durch Geschäfte, Schulen und Städte, in denen sie Beweggründe und Motive anderer Menschen studieren.

„Die Welt ist ein Schauplatz. Du kommst, siehst und gehst vorüber."
- Matthias Claudius -

# Ahno

Seelen, welche die Erde zwischen der letzten Septemberwoche und den ersten drei Wochen des Oktobers erreichen, kommen aus dem Sektor Ahno.

Diese Menschen besitzen ein unglaublich gutes Urteilsvermögen, eine großzügige Denkweise und objektive Gerechtigkeit. Aufgrund dessen sind sie dafür qualifiziert, hohe Positionen auszufüllen. Ihre Denkweise ist zu unkonventionell und ihre Ideen zu fortgeschritten, als dass es ihnen erlaubt wäre, in die Pläne anderer Menschen zu passen. Sie besitzen eine natürliche magnetische Kraft, welche es ihnen als Ärzte ermöglicht, ihre Patienten zur Heilung zu führen; als Minister ihre Anhänger zum Ruhm und als Generäle ihre Männer zum Sieg. Unter der äußeren Hülle besonnener Unerbittlichkeit verbirgt sich eine Fülle von Sympathie und Verständnis und sie sind nachsichtig mit den Schwächen anderer Menschen. Sie weigern sich beharrlich, das Böse zu sehen, wo dessen Existenz für andere ziemlich offensichtlich ist. Sie halten ausschließlich nach dem Guten Ausschau und finden viele Aspekte, die andere übersehen.

Der Körperbau dieser Menschen ist weniger robust als ihr Gehirn und wenn man sie unter Menschen oder Bedingungen platziert, welche ihre Sympathien ausbeuten, werden sie körperlich krank, verlieren Gesundheit, Jugend und Vitalität. Unter dem breiten Gemeinsinn dieser Menschen, liegt die Liebe für ein Heim und engere Beziehungen. Sie ersehnen die Sympathie und das Verständnis einer familiären Beziehung und ihr weltlicher Erfolg kommt für gewöhnlich nach Erreichung dieses Wunsches. Sowohl die Frauen als auch die Männer dieses Stammes sind treu und loyal denen gegenüber, die sie lieben. Ihre frühen Jahre auf der Erde sind gewöhnlich geprägt von Verwirrungen und Richtungskämpfen, welche ihr Leben manchmal mit einem dunklen Schatten belegen. Erfolg ist aber letztendlich ihre Belohnung und sie kommen selten zweimal auf die Erde.

„Niemand weiß, was der Tod ist, ob er nicht für den Menschen das Größte ist unter allen Gütern. Sie fürchten ihn aber, als wüssten sie gewiss, dass er das größte Übel ist."
- Platon -

# Ahpo

Seelen, welche die Erde im späten Teil des Oktobers und der ersten Hälfte des Novembers erreichen, kommen von Ahpo. Diese Menschen zeichnen sich durch ihre entschlossene und autoritäre Natur aus. Sie scheinen auf der Erde so aus ihrem Element geraten, dass sie manchmal außergewöhnliche Schicksale erleiden. Sie überwinden nur schwerlich ein Hindernis oder durchbrechen eine Barriere, bevor sie mit der nächsten konfrontiert werden. Ihr Pfad führt sie in Kanäle stürmischer Abenteuer. Sie erdenken sich konstant neue Ideen und verbessern bestehende Verfahren und je größer das Verfahren ist, desto mehr mögen sie es und desto härter arbeiten sie dafür. Sie wenden sich gegen Militär und Börse so natürlich und automatisch wie die Nadel des Kompasses nach Norden zeigt. Sie sind von Natur aus Spieler und für gewöhnlich sind Glücksspiele für sie von günstigem Ausgang. Was immer sie auch unternehmen, sie müssen an der Spitze dessen stehen. Sie müssen ihren eigenen Weg vorgeben können. Sie versuchen nicht, anderen ihre Überzeugungen aufzuzwingen, in ihren Augen sind sie zu beschäftigt, um ihren eigenen Weg gehen zu können. In Auseinandersetzungen zeigen sie eine provokante Beharrlichkeit und halten ihre Meinung, ob sie nun richtig oder falsch ist. Die Frauen haben mehr einfühlsame und häusliche Tendenzen als die Männer und sind konstanter. Wie die Männer jedoch, ärgern sie sich über Beschränkungen und hegen eine angeborene Abneigung gegen Gesetze und Konventionen. Diese Intoleranz in einer Beziehung macht jeden Versuch einer Ehe beinahe unmöglich.

Bei ihnen ist ständig die Tendenz gegeben, im Leben abzudriften und wenn das passiert, dann ist das Ende ihrer Zeit auf der Erde genauso tragisch, wie der Beginn. Sie erliegen oft Rauschgiften und Alkohol.

„Verachte nicht den Tod, sondern befreunde dich mit ihm,
da auch er eines von den Dingen ist, die die Natur will."
- Mark Aurel -

## Ahro

Die Seelen, welche die Erde in der späten Hälfte des Novembers und in der ersten Hälfte des Dezembers erreichen, kommen aus dem Sektor Ahro. Diese Menschen haben eine zunehmend aufrichtige Natur, sind reich in Liebe und Hoffnung und haben ein schier unerschöpfliches Vertrauen in ihre Mitmenschen.

Sie sind nicht zufrieden damit, allein persönlichen Erfolg zu erreichen, sie wollen auch ihre Freunde dabei mitnehmen. Diese scheinbar unnötige Tätigkeit liegt jenseits des Verständnisses anderer Personentypen, welche keine Notwendigkeit in der Verschwendung solcher Energie sehen.

Ehrlich und gewissenhaft sich selbst gegenüber sind sie überzeugt davon, dass sie andere auf ihre Fehler aufmerksam machen müssen. Sie irren sich selten, ausgenommen in ihrem Übereifer Menschen oder Institutionen schlechtzumachen, welche sie als ungerecht oder unterdrückend ansehen. In solchen Zeiten ist ihre Verärgerung, auch wenn sie rechtschaffen in ihrem Ursprung ist, zu viel und neigt dazu, sich zu einer persönlichen Abneigung zu entwickeln. Ihre Sympathie für die Unterdrückten führt sie jedoch zur Verfolgung ihres eigenen Erfolges. In ihrer Eile falsche Dinge zu korrigieren, sind sie oft gefühllos und ungerecht. Wenn sie von Dingen überzeugt sind, erachten sie es als ihre Pflicht, dies auch zu verkünden, auch dann, wenn sie sich wissentlich im Unrecht befinden. Mit ihrer Kombination aus bemerkenswerter Energie, scharfsinnigem Verständnis und intuitivem Wissen können sie ausgezeichnet Berufe in der Finanzbranche anstreben und in jedem Unternehmen, welches sich mit Geld beschäftigt, glücklich und erfolgreich werden. Egal wo sie momentan tätig sind, werden diese Menschen ihre Angelegenheiten in einer nervenaufreibenden Art und Weise nach vorne treiben, welche ihre mentale und physische Ausdauer auf's äußerste fordern wird. Glücklicherweise sind sie gut mit physischer Stärke ausgestattet. Üblicherweise entwickeln sie in ihren späteren Jahren auf der Erde ein Interesse an geheimen und vergangenem Wissen und es scheint, als würden sie mit dem Auge der Seele flüchtige Blicke auf die göttliche Wahrheit des Lebens werfen und damit entdecken sie letztlich das Licht, welches sie zurück nach Hause führen wird. Die, die sie lieben, lieben sie übereifrig und beharrlich und erwarten zu viel von ihnen. Für sie ist die Ehe ein ernster und ehrwürdiger Zustand und sollte daher nicht leichtfertig eingegangen werden.

„Gerade wenn man soweit ist, anfangen zu können, muss man sterben."

- Immanuel Kant -

# Ahso

Die Seelen, welche in der zweiten Dezember- und ersten Januarhälfte die Erde erreichen, kommen aus dem Sektor Ahso. Diese Menschen haben materialistische Wertvorstellungen vom Leben. Sie sind kalt, berechnend und fühlen sich feiner als ihre Mitmenschen. Sie sind vorsichtig und besitzen eine gewisse Weitsicht, welche die Möglichkeit rein impulsiven Verhaltens mehr als nur vermindert. Sie sind mutig, selbstständig und wandeln die Hindernisse auf ihrem Weg zum Ziel in Treppenstufen um. Die Ambitionen dieser Menschen variieren. Einige suchen Bedeutung und Macht im politischen Feld oder werden erfolgreiche Geschäftsführer, leiten gewaltige Unternehmen, lassen sich aber selten auf ein Unternehmen ein, welches keinen hohen persönlichen Profit bietet. Die Bescheideneren unter ihnen sind als Redner, Wissenschaftler oder Lehrer zufrieden, um damit ihrem natürlichen Drang des Lernens zu folgen. Das Wissen aus Büchern ist ihnen wichtiger als praktische Erfahrung und sie suchen aktiv nach neuen Büchern in ihrem Interessensgebiet.

Diese Menschen folgen ihren Ambitionen mit einer ruhigen und stillen Absicht, welche ihnen letztendlich sprichwörtlich den Sieg der Schildkröte über den Hasen bringt. Ihre Lektion ist es, den Wert der Liebe und einer liebevollen Begleitung zu erlernen. Die Frauen haben schwächeren Antrieb als die Männer, und sie laufen selten Gefahr, sich zu verlieben. Für sie ist es die größte Belohnung, Titel und Extravaganz zu erwerben. Sie ziehen der Kraft der Liebe, hübsche Kleider und die soziale Stellung vor. Diese Frauen sind allerdings selten sozial beliebt, aufgrund ihrer autoritären, unabhängigen Naturen. In welchem Teil der Erde ihre Seelen auch immer platziert werden, sie treiben stets unaufhaltsam auf die Einsamkeit zu, auf finstere Ecken, ruinierte Behausungen und Hallen von vergangenem Ruhm und Gedanken.

„Ist der Tod nur ein Schlaf, wie kann dich das Sterben erschrecken? Hast du es je noch gespürt, wenn du des Abends entschliefst?"
- Friedrich Hebbel -

# VI. DIE URSACHE

Die Seelen jedes Sektors bringen die Charakteristiken mit zur Erde, welche sie daheim besessen haben und es sind diese individuellen Charakteristiken, welche sie identifizieren und scheinbar kontrollieren. Charakteristiken verändern sich allerdings. Die gegebenen Eigenschaften sind zwar ihre Natur, diese können jedoch im Laufe des Lebens auf der Erde verschwinden, sich vermindern, verstärken oder sehr häufig auch in andere Eigenschaften verwandeln, je nachdem wie hoch die Lernkurve des Individuums ist und welchen Umgebungseinflüssen sie ausgesetzt sind. Indem sie ihren persönlichen Charakteristiken Ausdruck geben, erfüllen sie die Gesetze des Universums und bringen ebenso die Einzelheiten ihres eigenen Schicksals zum Ausdruck. Der Einfluss, den alle Seelen spüren und dem sie alle unterworfen sind, ist nicht planetarischer Natur. Es sind die Gedanken ihrer Freunde auf der Erde und dem Planeten, von dem sie stammen und zu dem sie eines Tages zurückkehren werden.

Es ist die unerwünschte Eigenschaft, ausgedrückt von der Seele auf der Erde, welche die Verbannung letztlich verursacht und es ist ihnen erst erlaubt zurückzukehren, wenn sie die entsprechenden Neigungen besiegt haben, denn nur die erhabensten Charakteristiken jedes Stammes werden auf dem Planeten toleriert, von dem sie kommen.

Wenn Eltern sich auf die vorangegangene Anleitung beziehen, können sie herausfinden, woher die Seele ihrer Kinder kommt und als Ergebnis davon auch die Erwartung und Richtung ihrer Entwicklung. Dieses Vorwissen wird Sympathie und Verständnis zwischen Eltern und Kindern erschaffen und wird die Wogen glätten, welche kommen werden und gibt ihnen die Fähigkeit, ihre Kinder auf ihrem Entwicklungsweg optimal zu unterstützen.

Die Seelen, welche die einzelnen Sektoren des Universums bewohnen, wachen über die verbannten Seelen ihres Planeten. Sie nutzen all ihre Möglichkeiten, um ihre Freunde auf der Erde zu unterstützen und schicken ihnen all die Ideen, Gedanken und Anregungen für ihre Entfaltung.

Es mag für dich seltsam erscheinen, aber die, die auf der Erde wandeln, haben eigentlich keine eigenen Gedanken. Die Gedanken, die sie denken, haben sie von den Bewohnern der anderen Planeten empfangen. Jede Seele nimmt bereitwillig die Gedanken und Ideen an, welche von ihrem eigenen Planeten kommen, denn durch ihre vorangegangene Entwicklung sind diese Gedanken für sie sehr deutlich erkennbar. Durch die Gedanken und Ideen, welche eine Person unterhält, kannst du genau erkennen, zu welchem Sektor des Universums diese Person gehört.

Die Seele, welche wirklich reumütig ist, verbleibt nicht lange auf der Erde, sondern wird schnell zu dem Planeten zurückkehren, von welchem sie kam, und die Reise ist so schnell beendet, wie das Licht, welches von der Sonne zur Erde reist.[3] Wenn die Seele ausreichend gereinigt ist, um nach Hause zurückzukehren, bricht sie aus dem Körper heraus, wie eine wunderschöne Blume aus einem Samenkorn. Ich erinnere mich, dass ich es oft von Kindern hörte: „Er oder sie ist nicht lange für dieses Leben bestimmt; er sieht so schön, friedlich und glücklich aus" und „Die Guten sterben jung". Dies sind die Seelen, welche bald aus ihrem irdischen Gefängnis befreit werden.

Das Gute, das sie getan haben, um ein oder beide Elternteile weiter zu entwickeln, z.B. eine größere Sympathie oder Güte und eine bessere und wohlwollendere Sicht des

---

[3] Das Licht benötigt ca. 499 Sekunden von der Sonne bis zur Erde. Also 8 Minuten und 19 Sekunden

Lebens zu entwickeln, ist oft ausreichend als Entschädigung für vergangene Fehler, für welche sie sich auf ihrem Planeten schuldig gemacht haben, und sie werden schnell erlöst. Wahrlich, die Kinder sollten manchmal Lehrer sein.

Einige Seelen bereuen nicht und bringen sich nicht zurück in die benötigte Perfektion, welche aber innerhalb eines physischen Lebens benötigt wird. Als Ergebnis dessen sind sie dazu bestimmt, auf Ewigkeiten auf der Erde zu bleiben und immer wiedergeboren zu werden. Nach dem Gesetz des großen Schöpfers wird ihnen jedes Mal eine neue Chance gegeben, ihre Fehler zu korrigieren und nach Hause gerufen zu werden, wenn sie wiedergeboren werden. Einige zerstören in ihrer Verzweiflung und Gleichgültigkeit ihre Körper und denken, dies würde die Kette zerbrechen, welche sie an die Erde bindet, aber ohne Erfolg. Ihre Bestimmung muss erfüllt werden. Es gibt einen und zwar nur einen Weg, auf welchem sie befreit werden können und dieser lautet, ihre vergangenen Fehler zu bereuen und die Arbeit an der Entwicklung der Seele in einem neuen Körper wieder aufzunehmen und sich anzupassen, um letztlich zu dem Planeten zurückkehren zu können, von dem sie stammen.

Du wirst dich wahrscheinlich fragen, was mit den Seelen passiert, welche frühzeitig durch eine unglückliche Zerstörung ihres Körpers freigelassen werden. Was würdest du tun, wenn die Wohnung, in der dein Körper momentan lebt, zerstört wird? Du wirst eine andere finden. Genauso macht es die unbeabsichtigt freigelassene Seele. Auf der Erde gibt es keine anderen Mittel des Ausdrucks, außer durch den Organismus eines physischen Körpers. Einige scheinbare Unfälle menschlicher Körper sind jedoch in Wirklichkeit ein Akt des Schicksals. Es ist oft die schnelle Freigabe der Seele, welche ihnen erlaubt, nach Hause zurückzukehren. In anderen Fällen resultiert es aus der gemeinsamen Anstrengung der Seelen eines Freundes, welche die Umgebung zu prüfen, die für sie offensichtlich zur Verschlechterung führt. Die Befreiung einer Seele aus einem Körper, welcher zu stark von einer schädlichen Umgebung beeinflusst wurde, und ihr Umzug in einen neuen Körper, umgeben von erbaulicheren Einflüssen, gibt ihr eine weitere Chance und zeigt, welches Ausmaß das Leben eines jeden Menschen auf der Erde haben kann. Sie werden beobachtet und umsorgt von ihren Freunden im Jenseits, welche die Aufgabe haben, die gefallenen Seelen aus dem Dunkel zurückzuholen ins Licht.

Was du Intuition nennst, ist das Flüstern der beschützenden Freunde deines Planeten, welche versuchen, dich auf den rechten Pfad zu führen. Sie haben die „Seelen-Sicht" und können das Ergebnis aller Dinge auf der Erde sehen und wissen, was ihre Bewohner in jeder Angelegenheit tun sollten. Wenn du dem stillen Seelen-Geflüster folgst, wirst du Weisheit erlangen, dein Aufenthalt im Exil wird dadurch verkürzt und somit deine Rückkehr in deine Heimat beschleunigt. Wenn du diese gütigen Angebote nicht befolgst, musst du für viele Jahre damit fortfahren zu leiden.

Dass du heute noch auf der Erde bist, ist ein Beweis dafür, dass du in Ungnade gefallen bist und es deutet auf zwei Dinge hin: Entweder bist du zu unvorbereitet, um zurückzukehren und deinen alten Platz bei deinen Gefährten einzunehmen oder du hast die Mission, an den Bewohnern der Erde Gutes zu vollbringen, und bevor du diese Aufgabe nicht beendet hast, wirst du auch nicht zurückgerufen werden. [4]

---

[4] Anm. des Übersetzers: Eine interessante Information hier von Segno. Es ist laut seiner Überlieferung also nicht nur essentiell, seine Lektion auf der Erde zu lernen, sondern darüber hinaus scheinbar auch noch wichtig einen Dienst an seinen Mitmenschen zu leisten.

„Wen die Götter lieben, den lassen sie jung sterben."
- Titus Maccius Plautus -

# VII. DER PLAN DES UNIVERSUMS

Die unermessliche Weite, die Einfachheit und die Perfektion des großartigen schöpferischen Systems, des Universums ist jenseits des Verständnisses der meisten Seelen. Die Menschen, welche die Planeten in jedem der zwölf Sektoren bewohnen, erwerben zusätzliche Weisheit und Wissen, wenn sie von einem Sektor zum nächsten voranschreiten, bis sie den zwölften Sektor verlassen und ins reine spirituelle Leben jenseits aller Grenzen übergehen. Dort erreichen sie schließlich derart Ruhm und Glückseligkeit, dass niemand auf der Erde es verstehen kann, bis er es selbst erlebt hat. Es ist „Ein Frieden, der jegliches Verständnis übersteigt". Es ist, wofür wir alle leben, arbeiten und streben. Es ist die eine Sache, für die sich alles lohnt.

Im gesamten System der Schöpfung ist der Mensch das höchste Produkt eines wahrlich meisterhaften Verstandes. Die, die man auf der Erde sieht, sind bloß unvollkommene Exemplare. Es sind die, welche die Aufgabe des Meisters noch nicht geschafft haben. Auf der Erde ist kein Mensch ein perfektes Beispiel für Gottes Handarbeit. Aber der Mensch durchläuft die einzelnen Lebensabschnitte im Verlauf seines Schicksals und erlangt immer größere und noch größere Perfektion von Körper und Geist. Jede positive Veränderung hinterlässt größere Spuren an ihm.

Die Seele wird „alt" geboren, ist körperlich jung und wächst auf dem Weg ihres Schicksals sowohl geistig, wie auch körperlich. Mir wurde von denen erzählt, die schon lang auf diesem Planeten sind, dass der Körper in jedem Abschnitt des Lebens weniger „Substanz" hat, denn wenn er voranschreitet, bis zur perfekten Vollendung der Seele und des Körpers im zwölften Sektor und von dort aus zu einem Punkt jenseits aller Grenzen reist, werden Seele und Körper ein perfektes Ganzes, welches die ewige Energie des Lebens besitzt.

In der gesamten Entwicklung durch die zwölf Sektoren lässt die Seele den Körper hinter sich, welchen sie auf jedem Planeten nutzt, und übernimmt einen neuen, perfekten und passenderen auf dem nächsten. Es hängt alles von der Seele ab. Sie kann schnell oder langsam voranschreiten, je nachdem ob sie den Gesetzen der Schöpfung gehorcht oder mit einem Exil bestraft wird, wenn sie nicht gehorcht; auf dem Planeten der Dunkelheit – der Erde.

In allen Menschen liegt zu jeder Zeit der Keim größerer Möglichkeiten, genau wie die große Eiche, die ruhend in der kleinen Eichel liegt und darauf wartet, gerufen zu werden. Es sind die göttlichen, niemals endenden Quellen der Energie und des Lebens, welche Anziehung auf den Menschen ausüben und ihn dazu motivieren, immer vorwärts zu gehen und voranzuschreiten zu größerer Entwicklung. Auf der Erde ist der Mensch größtenteils eine Kreatur des Schicksals, gebunden und erschaffen, um für seine eigenen Missetaten zu büßen. Menschen auf den anderen Planeten sind Schöpfer des Wissens, eine Kraft die immer weiter zunimmt, wenn sie Fortschritte machen. Dadurch wird es ihnen ermöglicht, ihr Leben weiter zu perfektionieren.

Auf dem Planeten, auf dem ich lebe, sind wir fähig, durch die Ausübung unserer geistigen Kraft die Vibrationen in der Luft anzuziehen, was notwendig ist, um sichtbare Bilder von Personen, Orten oder Objekten an jedem Ort auf unserem Planeten zu erschaffen. Wir können die schönste vorstellbare Musik durch die Harmonisierung dieser Vibrationen produzieren. Hier kann man Musik auch in wunderschönen Farben sehen und fühlen, ebenso wie man sie hört. Wir können auch über unsere geistigen Kräfte untereinander kommunizieren, indem wir unsere Gedanken konzentrieren und projizieren. Wir können in unserem Gehirn Bilder und Zeichnungen erschaffen und diese eins zu eins detailgetreu reproduzieren. Diese Fähigkeit ist von großem Nutzen für Architekten, Landschaftsgärtner, Konstrukteuren von Fabriken, Maschinen etc., sie alle können genau und im Detail erkennen, wie die fertige Arbeit aussehen und funktionieren wird.

Was ihr auf der Erde von diesen Dingen wisst, sind nur die schwachen Eindrücke, welche einige eigensinnige Seelen dort unten von Freunden hier oben bekommen. Die Erfindungen, welche auf der Erde gemacht werden, wurden zuerst auf anderen Planeten erschaffen und von freundlichen und besorgten Seelen zur Erde übermittelt, um die Bedingungen für die Menschen auf der Erde zu verbessern.

Wir sind fähig, zur Erde zu sehen, wenn wir Freunde im Exil dort haben. Und wenn wir diese haben, versuchen wir, die Kommunikation zu ihnen aufrechtzuerhalten und ihnen jeden möglichen Rat oder Hinweis zu geben, bis wir sie zurückgewinnen.

Wir besuchen die Erde nicht, wie ihr vermutet, um verlorene Seelen zu suchen, während ihr aber schlaft, während ihr frei seid, stellen wir eine Verbindung zu euch her, um euch zu helfen, wenn ihr es erlaubt. Aber wir verlassen niemals dabei unseren Planeten. Die Seelen, welche aktuell auf der Erde anderen erscheinen, tun dies, weil die besuchten Seelen im Begriff sind die Erde zu verlassen und sie z.B. wünschen, diejenigen zu verabschieden, mit denen sie eine starke Verbundenheit in ihrer Zeit auf der Erde aufgebaut haben. Wenn eine Seele erst vollständig vom Körper gelöst ist, kann sie nicht mehr länger auf der Erde verweilen. Ein starker Einfluss des Schicksals wirkt auf sie ein und zieht sie nach Hause.

Wir leben auf diesem Planeten, wie es auch viele auf der Erde tun, mit dem Unterschied, dass wir es zu vorteilhafteren Bedingungen tun. Wir essen, trinken, schlafen, arbeiten, studieren und verbringen viel Zeit damit Körper und Geist zu trainieren und zu perfektionieren. Dies wiederum wirkt positiv auf das wirkliche Dasein der Seele. Wir haben nicht den Drang, mit anderen zu wetteifern, wie es bei euch der Fall ist. Wir leben, um uns selbst zu verbessern. Wir heiraten und gebären Kinder genau wie ihr. Diese Körper werden mit den Seelen besetzt, welche das Recht verdient haben, von einem anderen Planeten zu unserem zu kommen und ihrerseits ebenfalls Kinder zu bekommen und ihnen unsere Werte näherzubringen und sie behutsam anzuleiten, für die Aufgaben, die kommen werden. Wir erkennen die Verantwortung dieser Aufgabe, und die Kinder erhalten große Bedeutung in unserer Gesellschaft, denn wir wissen, dass das, was wir sie mit Wort und Tat lehren, das werden sie in der Zukunft auch leben, das wird sie prägen. Wenn sie aufgrund unserer Vernachlässigung oder falschen Lehren vom Weg abkommen, werden wir verbannt und müssen unsere Arbeit irgendwann von vorn beginnen. Durch das Gesetz des Universums kann niemand seiner Pflicht ausweichen und wir versuchen, dieses Gesetz zu respektieren und zu befolgen und so zur Verbesserung des Universums beizutragen.

Hier gibt es auch keine in Konflikt stehenden religiösen Ansichten, die wie bei euch dazu dienen, sich gegenseitig zu quälen. Unsere Augen sind offen für die Wahrheit. Wir kennen das Gesetz des Lebens und der Weiterentwicklung und unsere Anstrengung wird letztendlich aus jedem von uns ein perfektes geistiges „Ich" machen. Wir haben unsere Aufgabe, und es ist uns ein Vergnügen, diese zu erfüllen. Wir nehmen Anweisungen und Wissen von jenen entgegen, die über uns stehen und lehren diejenigen, die unter uns stehen. So schreitet der Lauf der Entwicklung weiter voran.

Wir haben eine Stimme, mit der wir sprechen können, aber wir nutzen sie nur sehr wenig, denn Gedankenprojektion hat fast ihren kompletten Platz eingenommen. Wenn wir anderen Menschen Dinge beibringen, nutzen wir sehr wenige Bücher oder Illustrationen dafür, ausgenommen sind hier wissenschaftliche und geschichtliche Aufzeichnungen. Das Auge der Seele sucht sich die Dinge heraus, die es benötigt und aufgrund dessen lernen wir unsere Lektionen sehr schnell.

Wir wissen, dass jede Seele Sohn oder Tochter der großen Seele des Universums ist und daher als heilig angesehen werden kann.[5] Wir wissen ebenso, dass jedes Leben einen Platz im großen Plan des Universums hat und dass es erforderlich ist, diesen auch zu erfüllen. Genauso wie jedes Sandkorn für eine Wüste und jeder Wassertropfen für einen Ozean erforderlich ist. Das Große kann nicht ohne das Kleine existieren. Alleine scheinen wir nicht sonderlich wichtig zu sein, aber zusammen erfüllen wir unser Schicksal, wir sind der göttliche Ausdruck der Kraft, welche das Universum formt.

Die Kinder, die auf jedem Planeten geboren werden, wurden erschaffen, damit sich Seelen ausdrücken können, welche von anderen Planeten kommen, sie wurden erschaffen um ihren Seelen eine Heimat zu bieten. Während des Bewertungsmonats werden einige befördert und schreiten einen Grad höher auf der Leiter der Entwicklung, um ihre weitere Entwicklung im Gleichklang der Gesetze des Universums zu gewährleisten, während einige herabgestuft werden, weil sie nicht die Fähigkeit und Stärke gezeigt haben, um den Anforderungen ihrer Umgebung

---

[5] Diese Aussage entspricht dem Denken des „New Thought Movement", nach der alle Menschen ein Ebenbild Gottes sind und somit auch als „gottgleich" angesehen werden können.

gerecht zu werden. Wieder andere, welche absichtlich und achtlos die Gesetze des Universums missachtet haben, werden auf die Erde verbannt und verbleiben dort so lange, bis sie für ihre falschen Handlungen gebüßt haben und sich so angepasst haben, dass sie sich wieder mit den Menschen auf ihrem letzten Planeten vereinigen können.

Durch den Bewertungsprozess, welcher jeden Monat auf einem der Planeten stattfindet, wird die Versorgung mit Geburten und Toden auf jedem Planeten festgelegt und somit auch die Geburtenrate auf der Erde. Weiterhin wird entschieden, ob neue Seelen erschaffen werden und zu welcher Anzahl oder ob es nur einen Austausch von Seelen von Planet zu Planet zum Zweck der Entwicklung der Menschlichkeit gibt. Diesen Prozess kenne ich nicht im Detail, er kann wahrscheinlich auch nur von jenen erklärt werden, welche sich bereits jenseits aller Grenzen befinden.

Es ist ein grandioses, wunderbares und sehr genaues System, welches vollständig auf Dienst und Leistung beruht, wo die, die sich bemühen, zu größeren und erhabeneren Sphären des Wissens und der Schönheit befördert werden und sich Stück für Stück perfektionieren. Diejenigen jedoch, welche die Gesetze des Universums und des großen Schöpfers missachten, bringen Bestrafung und Leid über sich selbst. Jeder kann sich selbst danken oder schämen, jeder ist Schöpfer seines eigenen Schicksals. Über alledem steht der Schöpfer, dem wir für die Möglichkeit, die wir haben, danken müssen. Wir können immer das Beste aus unserem Leben machen, und falls wir scheitern, dürfen wir es noch einmal versuchen. Überall finden wir Inspiration, und wir tragen selbst die Verantwortung, diese auch zu nutzen. Es gibt so unzählig viele Möglichkeiten, dem Universum und auch uns selbst zu dienen.

Der Mensch, welcher versucht, sich selbst zu betrügen, indem er glaubt, dass mit dem Tod des Körpers alles endet, fügt sich damit selbst eine große Verletzung zu, verstärkt sein Leiden auf der Erde und verlängert seine Zeit, bis er die Erde verlassen kann und in ein Reich der Kraft und Herrlichkeit, wo Vergnügen und Glückseligkeit herrscht, eintreten könnte. So wie ihr gebt, so soll euch gegeben werden, und in dem Maße, wie ihr versucht, so sollt ihr belohnt werden. Das Gleichgewicht der Gerechtigkeit ist so gut, dass Belohnungen und Bestrafungen fast automatisch, selbstverständlich und unverzüglich funktionieren.

Die Dinge, die ich dir über die Erde und den Planeten, auf dem ich nun lebe, erzählt habe, weiß ich aufgrund persönlicher Erfahrung. Was ich dir über das System der Entwicklung jenseits dessen erzählt habe, habe ich von denen gelernt, welche die Information so wie du von mir über einen Verbindungskanal von Seele zu Seele von einem anderen Planeten erhalten haben und von jenen, die bereits Planeten gewechselt haben. Ich habe gelernt, dass es nur sehr selten der Fall ist, dass eine so harmonische und starke Verbindung zwischen zwei Seelen existiert. Sehr wohl aber ist es hinlänglich bekannt, dass es manchmal passiert, um uns ein zuverlässiges Wissen über das Gesetz der Entwicklung zu hinterlassen und damit wir nicht im Dunkeln arbeiten, wie ihr es beispielsweise auf der Erde tut.

Es steht geschrieben, dass es bereits viele Versuche gab, euch dieses Wissen zu übermitteln, welches ich dir gebe, aber ohne ein eindeutiges Ergebnis. Das übermittelte Wissen wurde bisher immer falsch gedeutet und angewendet. Benutze es also weise und mach es allen bekannt, welche bereit dafür sind, die Wahrheit zu lernen. Diejenigen, die bereit sind, das Wissen zu empfangen, werden einen Weg zu deinem Wissen finden.

---

Dies wurde geschrieben, wie es mir offenbart wurde. Ich übermittle es euch, damit ihr für euch die richtigen Schlüsse daraus ziehen könnt.

A. Victor Segno

„Wie gutes Tagwerk frommen Schlummer bringt, so rechtes Leben einen fröhlichen Tod."
- Leonardo da Vinci -

# NACHWORT ROLAND SULJIC

Werte Leser, vielleicht habt ihr beim Studieren der zwölf Sektoren und der Charakter-beschreibungen die Parallele zu den zwölf Sternzeichen der Astrologie entdeckt: Sektor "Ahbo" spiegelt die Charakteristika des Sternzeichens Wassermann wider, und von dort aus folgt Segno Sektor um Sektor dem Zodiak über Fische, Widder, Stier usw. bis zum Sternzeichen Steinbock. Für diejenigen unter euch, die mit der Astrologie nicht allzu vertraut sind, sei hier erklärend hinzugefügt, dass das, was der Volksmund unter dem Begriff "Sternzeichen" versteht, lediglich auf die Position der Sonne zum Zeitpunkt der Geburt bezogen ist. In der Astrologie repräsentiert die Sonne das Prinzip des Geists und des Bewusstseins und stellt damit einen zwar bedeutsamen, aber bei weitem nicht den einzigen Einflussfaktor auf das menschliche Wesen dar. Bestenfalls lässt sich aus dem sog. "Sonnenzeichen" eine Grundtendenz der menschlichen Persönlichkeit ablesen, doch nicht die gesamte Persönlichkeit. Hierzu bildet die Astrologie in ihrer Vollständigkeit ein wesentlich komplexeres und tiefergehendes Betrachtungs-system ab. Die in der Gesellschaft verbreitete sog. "Mundanastrologie", die lediglich das Prinzip der Sonne und manchmal auch noch des Mondes miteinbezieht, muss jedoch mit dieser starken Einschränkung stets oberflächlich bleiben. Hätte die Mundanastrologie Recht, dann zerfiele die gesamte Palette menschlicher Persönlichkeiten in eine übersichtliche Gruppe von 12 untereinander identischen Archetypen und folgerichtig gäbe es nur 12 unterschiedliche Persönlichkeiten, doch das ist offensichtlich nicht der Fall. Selbiges muss für die von Segno beschriebenen Sektoren analog geschlussfolgert werden.

Sinnbildlich betrachtet ist Segnos Darstellung jedoch im Einklang mit der Sichtweise der klassischen Astrologie: Die zwölf Sternbilder repräsentieren die zwölf Facetten des Geists (und damit der Vollkommenheit) in Bezug auf die menschliche Existenz. Die Vorstellung, dass die Seele alle Facetten des Geists erfahren und integrieren muss, um den Pfad der Vervollkommnung zu beschreiten, ist einer der fundamentalen esoterischen Gedanken, welcher sich in allen Kulturen der Menschheit in der einen oder anderen Form finden lässt.

Roland Suljic

# NACHWORT LARS WROBBEL

Es ist soweit: Victor Segno hat seine Geschichte, wie sie ihm widerfahren ist, erzählt. Nun liegt es an dir, diese für dich selbst zu bewerten und deine Schlüsse daraus zu ziehen. Ich sagte in meinem Vorwort bereits, dass ich der Meinung bin, dass es hier eher um die Botschaft geht, als um die Geschichte selbst. Victor möchte uns sagen, dass wir ein gutes Leben führen sollen und uns jeden Tag aufs Neue versuchen müssen, uns daran zu erinnern, dies auch zu tun. Viele seiner Argumentationen und Denkweisen decken sich mit weiterer Literatur aus den Bereichen „New Thought Movement" und vor allem der „Astrologie". Aufgrund dieser Tatsache findet ihr zum Abschluss noch einige persönliche Literaturempfehlungen von mir. Hier gibt es also noch viel Potenzial für weitere Recherchen und persönliche Weiterentwicklung, wenn dich das Thema näher interessiert.

Ich bedanke mich herzlich für das Vertrauen, das du mir mit dem Kauf dieses Buches entgegengebracht hast und hoffe sehr, dass es deinen Erwartungen gerecht werden konnte.

In diesem Buch steckt viel Arbeit und meine persönliche Zeit. Ich würde mich darüber freuen, ein ehrliches Feedback von dir zu erhalten. Dazu kannst du eine Rezension auf Amazon.de hinterlassen.

Für deine weitere Zukunft wünsche ich dir viel Erfolg. Mögen alle deine Bemühungen Früchte tragen und sich deine Wünsche jeglicher Form erfüllen.

Lebe wohl und bleib gesund

Lars Wrobbel

# LITERATUREMPFEHLUNGEN

Um dein Wissen rund um die Themen Sternzeichen, Astrologie, Persönlichkeitsstruktur und New Thought Movement zu erweitern und zu vertiefen, habe ich dir im Folgenden einige Empfehlungen herausgesucht:

- Ein Buch über Dich: Erkenne Dich selbst - Lebe erfolgreich! von Charles F. Haanel und H. Rudolph (ISBN 3945688116)
- Die zwölf Archetypen: Tierkreiszeichen und Persönlichkeitsstruktur von Brigitte Hamann (ISBN 3426875403)
- Der tiefe Brunnen von Claus Riemann (ISBN 3442217849)
- Schlüsselworte zur Astrologie von Hajo Banzhaf und Anna Haebler (ISBN 3720560414)
- Astrologie und Seele: Die Mondknoten als Schlüssel zur Persönlichkeitsentfaltung von Jan Spiller (ISBN 3426873915)
- Das Grundlagenwerk der psychologischen Astrologie: Erkenne Deine Licht- und Schattenseiten und die Deiner Mitmenschen von Hermann Meyer (ISBN 3000189017)
- Die Gesetze des Schicksals: Die Befreiung von unbewussten Zwängen von Hermann Meyer (ISBN 3442218756)
- Wo kommst du her, wo gehst du hin?: Die Mondknoten im Horoskop von Sitara Mittag (ISBN 3936360057)
- Ach, daher weht der Wind: Die astrologischen Wendezeiten im Leben von Sitara Mittag (ISBN 3936360162)

# DAS GESETZ DES MENTALISMUS

Eine praktische und wissenschaftliche Erklärung der Kraft unserer Gedanken. Das Gesetz, das alle geistigen und physischen Handlungen und Phänomene regiert. Die Ursache von Leben und Tod.

ISBN-10: 1466411414
ISBN-13: 978-1466411418
Preis Paperpack: 8,99 EUR
Preis Kindle Edition: 5,99 EUR

Was ist der Mentalismus? Die Absicht des Buches liegt in der Beantwortung dieser Frage. Wenn das Gesetz verstanden, verinnerlicht und angewendet wird, ändert es das Leben eines Menschen nachhaltig, denn er sieht die Welt mit ganz anderen Augen als vorher. Eine praktische und wissenschaftliche Erklärung der Kraft unserer Gedanken. Das Gesetz, das alle geistigen und physischen Handlungen und Phänomene regiert. Die Ursache von Leben und Tod.

"Es ärgert einen, dass die Wahrheit so einfach sein soll."
- Goethe -

"Groß ist, wer einsieht, dass geistige Kraft stärker ist als materielle Kraft; dass der Gedanke die Welt regiert."
- Emerson -

# IMPRESSUM

Herausgegeben durch:
Lars Wrobbel
Leubuser Str. 2a
33415 Delbrück
Deutschland